William Shakespeare
Weil Kürze
denn des Witzes
Seele ist

William Shakespeare
Weil Kürze
denn des Witzes
Seele ist

Aphorismen
&
Sentenzen

Eulenspiegel Verlag

Berlin

Zusammengetragen
und mit einer Nachbemerkung versehen
von Birk Uhlmann

Illustrationen von Harry Jürgens

ISBN 3-359-00220-2

Mensch & Natur

Welch ein Meisterwerk ist der Mensch!
Wie edel durch Vernunft! Wie unbegrenzt
an Fähigkeiten! In Gestalt und Bewegung
wie bedeutend und wunderwürdig!
Im Handeln wie ähnlich einem Engel!
Im Begreifen wie ähnlich einem Gott! Die
Zierde der Welt! Das Vorbild der Lebendigen! Und doch, was ist mir diese Quintessenz von Staube? Ich habe keine Lust
am Manne und am Weibe.

>HAMLET
>*Hamlet II, 2*

Aller Menschen Gesichter sind ohne
Falsch, wie auch ihre Hände beschaffen
sind.
>MENAS
>*Antonius und Cleopatra II, 6*

Verstand der Menschen ist ein Teil von
ihrem Glück, und äußre Dinge ziehn das
innre Wesen sich nach, daß eines wie das
andre krankt.
>ENOBARBUS
>*Antonius und Cleopatra III, 11*

Weil das Los der Menschen niemals sicher,
laßt uns bedacht sein auf den schlimmsten
Fall.
>CASSIUS
>*Julius Cäsar V, 1*

Die Seele dieses Menschen sitzt in seinen
Kleidern.
>LAFEU
>*Ende gut, alles gut II, 5*

Wie wird dem Menschen Übung doch
Gewohnheit!
>VALENTIN
>*Die beiden Veroneser V, 4*

Ich sehe auch, daß die Mode mehr Kleider
aufträgt als der Mensch.

> KONRAD
> *Viel Lärm um nichts III, 3*

Ich wage alles, was dem Menschen ziemt.
Wer mehr wagt, der ist keiner.

> MACBETH
> *Macbeth I, 7*

Dulden muß der Mensch
sein Scheiden aus der Welt, wie seine
    Ankunft:
Reif sein ist alles.

> EDGAR
> *König Lear V, 2*

Behandelt jeden Menschen nach seinem
Verdienst, und wer ist vor Schlägen sicher?

> HAMLET
> *Hamlet II, 2*

Guter Wein ist ein gutes, geselliges Ding,
wenn man mit ihm umzugehen weiß.

JAGO
Othello II, 3

Miß nicht den Nächsten nach dem eignen Maß.

ISABELLA
Maß für Maß II, 2

Unruhig Essen gibt ein schlecht Verdaun.

ÄBTISSIN
Die Komödie der Irrungen V, 1

Die Nacht, die uns der Augen Dienst entzieht,
macht, daß dem Ohr kein leiser Laut entflieht.
Was dem Gesicht an Schärfe wird benommen,
muß doppelt dem Gehör zu Gute kommen.

HERMIA
Ein Sommernachtstraum III, 2

Was ist der Mensch,
wenn seiner Zeit Gewinn, sein höchstes Gut
nur Schlaf und Essen ist? Ein Vieh, nichts weiter.

HAMLET
Hamlet IV, 4

Der erste Trunk über den Durst macht ihn zum Narren, der zweite toll, und der dritte ersäuft ihn.

NARR
Was ihr wollt I, 5

Wir hassen bald, was oft uns Furcht erregt.

CHARMION
Antonius und Cleopatra I, 3

Das Zeitalter wird so spitzfindig, daß der Bauer dem Hofmann auf die Fersen tritt.

HAMLET
Hamlet V, 1

Die Nase rümpft oft vor verblühten Rosen, wer vor der Knospe kniete.

CLEOPATRA
Antonius und Cleopatra III, 11

Wenn dem Lamm der Löwe liebekost, so hört das Lamm nie auf, ihm nachzugehn.

KÖNIG HEINRICH
König Heinrich VI. Dritter Teil IV, 8

Das Jungfrauentum gleicht einem Selbstmörder und sollte an der Heerstraße begraben werden, fern von aller geweihten Erde, wie ein tollkühner Frevler gegen die Natur.

PAROLLES
Ende gut, alles gut I, 1

Die beste Wärt'rin der Natur ist Ruhe.

ARZT
König Lear IV, 4

Hat der Fuchs die Nase erst hinein, so weiß er bald den Leib auch nachzubringen.

GLOSTER
König Heinrich VI. Dritter Teil IV, 7

Der Fuchs bellt nicht, wenn er das Lamm will stehlen.

SUFFOLK
König Heinrich VI. Zweiter Teil III, 1

Natur bringt wunderliche Käuz' ans Licht.

SOLANIO
Der Kaufmann von Venedig I, 1

Nicht jede Wolk' erzeugt ein Ungewitter.

CLARENCE
König Heinrich VI. Dritter Teil V, 3

Der dumme Esel geht doch nicht schneller,
wie du ihn auch prügeln magst.

ERSTER TOTENGRÄBER
Hamlet V, 1

Wie der Ochse sein Joch hat, Herr, das
Pferd seine Kinnkette und der Falke seine
Schellen, so hat der Mensch seine Wünsche.

PROBSTEIN
Wie es euch gefällt III, 3

Und viele Streich', obwohl von kleiner
Art, haun um und fällen selbst die härt'ste
Eiche.

BOTE
König Heinrich VI, Dritter Teil II, 1

Oft, zu unserm Troste, finden wir in
beßrer Hut den hartbeschalten Käfer als
hochbeschwingten Adler.

> BELLARIUS
> *Cymbeline III, 3*

Grasmücke so lange den Kuckuck speist,
bis sein Junges ihr endlich den Kopf
abreißt.
> NARR
> *König Lear I, 4*

Kunst & Leben

Mehr Inhalt, weniger Kunst!

> Königin
> *Hamlet II, 2*

Wie so sauer wird Musik,
so süß sonst, wenn die Zeit verletzt
und das Verhältnis nicht geachtet wird!

> König Richard
> *König Richard II. V, 4*

Wenn die Musik der Liebe Nahrung ist,
Spielt weiter! Gebt mir volles Maß!
    daß so
Die übersatte Lust erkrank' und sterbe.

> Herzog
> *Was ihr wollt I, 1*

Eine Redensart ist nur ein lederner Handschuh für einen witzigen Kopf:
Wie geschwind kann man die verkehrte
Seite herauswenden!

> Narr
> *Was ihr wollt III, 1*

Ihr widersinn'ger Tropf! der nicht begriff,
Zu welchem Zweck Musik uns ward gegeben: –
Ist's nicht, des Menschen Seele zu erfrischen,
Nach ernstem Studium und der Arbeit Müh'?

LUCENTIO
Der Widerspenstigen Zähmung III, 1

Die Schauspieler sind der Spiegel und die abgekürzte Chronik des Zeitalters.

HAMLET
Hamlet II, 2

Alles, was so übertrieben wird, ist dem Vorhaben des Schauspiels entgegen, dessen Zweck sowohl anfangs als jetzt war und ist, der Natur gleichsam den Spiegel vorzuhalten: Der Tugend ihre eignen Züge, der Schmach ihr eignes Bild und dem Jahrhundert und Körper der Zeit den Abdruck seiner Gestalt zu zeigen. Wird dies nun übertrieben oder zu schwach vorgestellt, so kann es zwar den Unwissenden zum Lachen bringen, aber den Einsichtsvollen muß es verdrießen.

> HAMLET
> *Hamlet III, 2*

Liebe & Leid

Die Lieb' ist blind, das Dunkel ist ihr recht.

BENVOLIO
Romeo und Julia II, 1

Kein steinern Bollwerk kann der Liebe wehren;
Und Liebe wagt, was irgend Liebe kann.

ROMEO
Romeo und Julia II, 2

So grenzenlos ist meine Huld, die Liebe so tief ja wie das Meer. Je mehr ich gebe, je mehr auch hab' ich: beides ist unendlich.

JULIA
Romeo und Julia II, 2

Die Süßigkeit
Des Honigs widert durch ihr Übermaß,
Und im Geschmack erstickt sie unsre Lust.
Drum liebe mäßig; solche Lieb' ist stät:
Zu hastig und zu träge kommt gleich spät.

            LORENZO
     Romeo und Julia II, 6

O schwöre nicht beim Mond, dem
    Wandelbaren,
der immerfort in seiner Scheibe wechselt,
damit nicht wandelbar dein Lieben sei!

            JULIA
     Romeo und Julia II, 2

Man kann nur nach Verdienst das loben,
was man liebt.

> TIMON
> *Timon von Athen I, 2*

Zwei Pilger, neigen meine Lippen sich,
den herben Druck im Kusse zu versüßen.

> ROMEO
> *Romeo und Julia I, 5*

Lieb' ist ein Rauch, den Seufzerdämpf'
    erzeugten.
Geschürt, ein Feu'r, von dem die Augen
    leuchten,
Gequält, ein Meer, von Tränen
    angeschwellt.
Was ist sie sonst? Verständ'ge Raserei,
und ekle Gall' und süße Spezerei.

> ROMEO
> *Romeo und Julia I, 1*

Willst du durchaus heiraten, nimm einen Narren; denn gescheite Männer wissen allzugut, was ihr für Ungeheuer aus ihnen macht.
                    HAMLET
                    Hamlet III, 1

Doch weiß ich, durch die Zeit beginnt
   die Liebe,
und seh' an Proben der Erfahrung auch,
daß Zeit derselben Glut und Funken
   mäßigt.
Im Innersten der Liebesflamme lebt
eine Art von Docht und Schnuppe,
die sie dämpft.
                    KÖNIG
                    Hamlet IV, 7

Verliebten genügt zu der geheimen Weihe
das Licht der eignen Schönheit.

JULIA
Romeo und Julia III, 2

Du kannst von dem, was du nicht fühlst,
nicht reden.
ROMEO
Romeo und Julia III, 3

Eine Frage ist es, die zu lösen bliebe,
ob Lieb' das Glück führt, oder Glück
    die Liebe.
Der Große stürzt: Seht seinen Günstling
    fliehn!
Der Arme steigt, und Feinde lieben ihn.
So weit scheint Liebe nach dem Glück
    zu wählen:
Wer ihn nicht braucht, dem wird ein
    Freund nicht fehlen,
und wer in Not versucht den falschen
    Freund,
verwandelt ihn sogleich in einen Feind.

KÖNIG IM SCHAUSPIEL
Hamlet III, 2

Schönheit lockt Diebe schneller noch als Gold.

ROSALINDE
Wie es Euch gefällt I, 3

Verliebte Neigung schmält man nicht hinweg.

TRANIO
Der Widerspenstigen Zähmung I, 1

Wie zahm, wenn Mann und Frau allein gelassen, der lahmste Wicht die tollste Spröde stimmt.

PETRUCHIO
Der Widerspenstigen Zähmung II, 1

Entsinnst du dich der kleinsten Torheit
    nicht,
in welche dich die Liebe je gestürzt,
so hast du nicht geliebt;
Und hast du nicht gesessen, wie ich jetzt,
den Hörer mit der Liebsten Preis
    ermüdend,
so hast du nicht geliebt;
Und brachst du nicht von der Gesellschaft
    los,
mit eins, wie jetzt die Leidenschaft
    mich heißt,
so hast du nicht geliebt.

     Silvius
   Wie es euch gefällt II, 4

Man lernt den Mann nicht aus in einem
    Jahr:
Sie alle sind nur Magen, wir nur Kost;
Sie schlingen uns hinab, und sind sie satt,
spei'n sie uns aus.

     Emilia
   Othello III, 4

Man sagt, jeder Liebhaber schwöre,
mehr zu vollbringen, als ihm möglich ist,
und behalte dennoch Kräfte, die er nie
in Anwendung bringt. Er gelobe,
mehr als zehn auszuführen, und bringe
kaum den zehnten Teil von dem, was
einer vermöchte, zustande.

CRESSIDA
Troilus und Cressida III, 2

Sie ist ein Weib, drum darf man um sie
    werben;
Sie ist ein Weib, drum kann man sie
    gewinnen.

DEMETRIUS
Titus Andronicus II, 1

Weise sein und lieben vermag kein Mensch.

>
> **CRESSIDA**
> *Troilus und Cressida III, 2*

So wähl dir eine jüngere Geliebte,
sonst hält unmöglich deine Liebe stand.
Denn Mädchen sind wie Rosen: Kaum
    entfaltet,
ist ihre holde Blüte schon veraltet.

>
> **HERZOG**
> *Was ihr wollt II, 4*

Sei versichert, daß kein Liebesmäkler in
der Welt einen Mann den Frauen kräftiger
empfehlen kann, als der Ruf der Tapferkeit.

>
> **JUNKER TOBIAS**
> *Was ihr wollt III, 2*

Verschämte Lieb', ach!
sie verrät sich schnell.

>
> **OLIVIA**
> *Was ihr wollt III, 1*

Gut gehängt ist besser als schlecht verheiratet.

NARR
Was ihr wollt I, 5

Freundschaft hält stand in allen anderen Dingen,
nur in der Liebe Dienst und Werbung nicht.

CLAUDIO
Viel Lärm um nichts II, 1

Verliebte sehen nährt Verliebter Sinn.

ROSALINDE
Wie es euch gefällt III, 4

Freien, heiraten und bereuen sind wie eine
Kurante, ein Menuett und eine Pavana:
Der erste Antrag ist heiß und rasch
wie eine Kurante und eben so phantastisch.
Die Hochzeit manierlich, sittsam wie ein
Menuett, voll altfränkischer Feierlichkeit.
Und dann kommt die Reue und fällt mit
ihren lahmen Beinen in die Pavana.

>BEATRICE
>*Viel Lärm um nichts II, 1*

Liebende verfehlen die Stunde nur, um vor
der Zeit zu kommen.

>EGLAMOUR
>*Die beiden Veroneser V, 1*

Schönheit wird nur vom Kennerblick
gekauft, nicht angebracht durch des Verkäufers Prahlen.

>PRINZESSIN
>*Liebes Leid und Lust II, 1*

»Nein«, sagt ein Mädchen, weil's die Sitte will, und wünscht, daß es der Frager deut' als »Ja«.

JULIA
Die beiden Veroneser I, 2

Gram dehnt die Zeit.

ROMEO
Romeo und Julia I, 1

Wenn Lieb' erkrankt und schwindet,
nimmt sie gezwungne Höflichkeiten an.

BRUTUS
Julius Cäsar IV, 2

Verliebte sehen nicht die art'gen Kinderei'n, die sie begehen.

> JESSICA
> *Der Kaufmann von Venedig II, 6*

Verliebte laufen stets der Uhr voraus.

> GRAZIANO
> *Der Kaufmann von Venedig II, 6*

Bei Genossen,
die miteinander ihre Zeit verleben,
und deren Herz ein Joch der Liebe trägt,
da muß unfehlbar auch ein Ebenmaß
von Zügen sein, von Sitten und Gemüt.

> PORZIA
> *Der Kaufmann von Venedig III, 4*

Versteh' ich deinen Kuß doch und du meinen, und das ist ein gefühltes Unterreden.

> MORTIMER
> *König Heinrich IV. 1. Teil, III, 1*

Zu Liebesboten taugen nur Gedanken, die zehnmal schneller fliehn als Sonnenstrahlen, wenn sie die Nacht von finstern Hügeln scheuchen.

JULIA
Romeo und Julia II, 5

Heft'ge Feuer brennen bald sich aus.
Ein sanfter Schau'r hält an, ein Wetter nicht.
Wer frühe spornt, ermüdet früh sein Pferd,
und Speis' erstickt den, der zu hastig speist.

GAUNT
König Richard II. II, 2

Gehorchen lern' ich, eh' ich lieben will.

> LUCIANA
> *Die Komödie der Irrungen II, 1*

Wer liebt, des Auge schaut den Adler blind.
Wer liebt, des Ohr vernimmt den
    schwächsten Laut,
wo selbst des Diebs argwöhnisch Horchen
    taub ist.
Die Liebe fühlt empfindlicher und feiner
als der beschalten Schnecke zartes Horn.
Schmeckt sie, wird Bacchus' leckre
    Zunge stumpf.

> BIRON
> *Liebes Leid und Lust IV, 1*

Wer vor der Zeit beginnt, der endigt früh.

> CAPULET
> *Romeo und Julia I, 2*

Der Narben lacht, wer Wunden nie gefühlt.

> ROMEO
> *Romeo und Julia II, 2*

Wie Schatten flieht die Lieb', indem man
    sie verfolgt;
Sie folgt dem, der sie flieht, und flieht
    den, der ihr folgt.

FLUTH
Die lustigen Weiber von Windsor II, 2

Wer einsam duldet, fühlt die tiefste
    Pein.
Fern jeder Lust, trägt er den Schmerz
    allein:
Doch kann das Herz viel Leiden
    überwinden,
wenn sich zur Qual und Not Genossen
    finden.

EDGAR
König Lear III, 6

Bewahrt Euch, Herr, vor Eifersucht, dem grüngeaugten Scheusal, das besudelt die Speise, die es nährt!

JAGO
Othello III, 3

Wenn Leid denn immer treue Liebe traf,
so steht es fest im Rate des Geschicks.
Drum laß Geduld uns durch die Prüfung
    lernen,
weil Leid der Liebe so geeignet ist
wie Träume, Seufzer, stille Wünsche,
    Tränen,
der armen kranken Leidenschaft Gefolge.

HERMIA
Ein Sommernachtstraum I, 1

Wenn der Bestohlne nicht vermißt den
   Raub,
sagt ihr's ihm nicht, so ist er nicht
   bestohlen.
      OTHELLO
      Othello III, 3

Unheil beklagen, das nicht mehr zu bessern, heißt um so mehr das Unheil nur vergrößern.
      HERZOG
      Othello I, 3

Wenn die Leiden kommen, so kommen sie wie einzle Späher nicht, nein, in Geschwadern.
      KÖNIG
      Hamlet IV, 5

  Ungeduld begleitet wahre Leiden.

      MARGARETHA
   König Heinrich VI. Dritter Teil III, 3

Wenn das Glück den Menschen wohltun will, so blickt es sie mit droh'nden Augen an.

PANDULPHO
König Johann III, 4

Ein tiefer Fall führt oft zu höherm Glück.

LUCIUS
Cymbeline IV, 2

Glücklich sind, die erfahren, was man an ihnen aussetzt, und sich danach bessern können.

BENEDICT
Viel Lärm um nichts II, 3

Melancholie, wer maß je deine Tiefe? Fand den Boden, zu raten, welche Küst' am leichtesten der schwer beladnen Sorg' als Hafen dient?

BELLARIUS
Cymbeline IV, 2

Der Kummer, der nicht spricht,
Raunt leise zu dem Herzen, bis es bricht.

> MALCOLM
> *Macbeth IV, 3*

Dem Unglück geht Bekümmernis voran.

> KÖNIGIN
> *König Richard II. III, 5*

Ein Wesen, das verachtet seinen Stamm,
kann nimmer fest begrenzt sein in sich
selbst.

> ALBANIEN
> *König Lear IV, 2*

Gut & Böse

Wer bessern will, macht oft das Gute schlimmer.
                      ALBANIEN
                    König Lear I, 4

Güte, die vollblütig wird, erstirbt im eignen Allzuviel.
                      KÖNIG
                    Hamlet IV, 7

Wir dürfen nicht die Güte jeder Tat ermessen nach dem Ausgang des Erfolgs.

                    TROILUS
            Troilus und Cressida II, 2

An sich ist nichts weder gut noch böse, das Denken macht es erst dazu.

                    HAMLET
                  Hamlet II, 2

Den bessern Gründen müssen gute weichen.
                    BRUTUS
                Julius Cäsar IV, 3

Die Zeit ist Amm' und Mutter alles Guten.

PROTEUS
Die beiden Veroneser III, 1

Der Größe Mißbrauch ist, wenn von der Macht sie das Gewissen trennt.

BRUTUS
Julius Cäsar II, 1

Schreibtafel her! Ich muß mir's niederschreiben, daß einer lächeln kann und immer lächeln und doch ein Schurke sein.

HAMLET
Hamlet I, 5

Ich sehe, nichts ist ohne Rücksicht gut.

PORZIA
Der Kaufmann von Venedig V, 1

Ich mag nicht Freundlichkeit bei tückischem Gemüte.

BASSANIO
Der Kaufmann von Venedig I, 3

Wer ist so fest, den nichts verführen kann?

CASSIUS
Julius Cäsar I, 2

Fest beharren im Unrecht tun, vermindert Unrecht nicht, nein, macht es schwerer.

HEKTOR
Troilus und Cressida II, 2

Beklage nicht, wo du nicht helfen kannst, und such zu helfen dem, was du beklagst.

PROTEUS
Die beiden Veroneser III, 1

Selbstgeschlagene Wunden heilen schwer.

PATROCLUS
Troilus und Cressida III, 3

Der braucht einen langen Löffel, der mit dem Teufel ißt.

DROMIO VON SYRAKUS
Die Komödie der Irrungen IV, 3

Der Teufel hat Gewalt, sich zu verkleiden in lockende Gestalt.

HAMLET
Hamlet II, 2

Zum Raube lächeln, heißt den Dieb bestehlen.
>
> HERZOG
> *Othello I, 3*

Das Schlimmste fürchten, heilt oft das Schlimmste.
>
> CRESSIDA
> *Troilus und Cressida III, 2*

Der Rabe schilt auf die Schwärze!
>
> ULYSSES
> *Troilus und Cressida II, 3*

Wie weit die kleine Kerze Schimmer wirft!
So scheint die gute Tat in arger Welt.
>
> PORZIA
> *Der Kaufmann von Venedig V, 1*

Niemand glaubt, wie leicht ein böses Wort die Gunst vergiftet.
>
> HERO
> *Viel Lärm um nichts III, 1*

In einer schlechten Sache hat man keinen rechten Mut.
BENEDICT
Viel Lärm um nichts V, 1

Manches Dieners Zunge schwatzt nur seines Herrn Verderben herbei.

NARR
Ende gut, alles gut II, 4

Am meisten Unkraut trägt der fettste Boden.

                KÖNIG HEINRICH
König Heinrich IV. Zweiter Teil IV, 4

Was ich denke, sag' ich und verbrauche meine Bosheit in meinem Atem.

        MENENIUS
     Coriolanus II, 1

Das Auge sieht sich nicht, als nur im Widerschein, durch andre Dinge.

         BRUTUS
     Julius Cäsar I, 2

Sowohl weises Betragen als einfältige Aufführung nimmt einer vom andern an, wie Krankheiten anstecken: deswegen mag sich jeder mit seiner Gesellschaft vorsehen.

> FALSTAFF
> *König Heinrich IV. Zweiter Teil V, 1*

Gute Redner räuspern sich, wenn sie aus dem Text kommen.

> ROSALINDE
> *Wie es euch gefällt IV, 1*

Ich möchte lieber einen Narren halten, der mich lustig machte, als Erfahrung, die mich traurig machte.

> ROSALINDE
> *Wie es euch gefällt IV, 1*

Des Scherzes Anerkennung ruht im Ohr des Hörenden allein, nicht in der Zunge des, der ihn spricht.

> ROSALINDE
> *Liebes Leid und Lust V, 1*

Ein redlich Wort macht Eindruck, schlicht gesagt.
>
> ELISABETH
> *König Richard III. IV, 4*

Wahnsinn bei Großen darf nicht ohne Wache gehn.
>
> KÖNIG
> *Hamlet III, 1*

Am häßlichsten ist Häßlichkeit am Spötter.
>
> ROSALINDE
> *Wie es euch gefällt III, 5*

Nur reden will ich Dolche, keine brauchen.

HAMLET
Hamlet III, 2

Wer schwindligt ist, der denkt, die Welt geht rund.

WITWE
Der Widerspenstigen Zähmung V, 2

Er hat ein Herz, so gesund und ganz wie eine Glocke, und seine Zunge ist der Klöpfel; denn was sein Herz denkt, spricht seine Zunge aus.

DON PEDRO
Viel Lärm um nichts III, 2

Versperrt dem Witz eines Weibes die Türen, so muß er zum Fenster hinaus. Macht das zu, so fährt er aus dem Schlüsselloch. Verstopft das, so fliegt er mit dem Rauch aus dem Schornstein.

ROSALINDE
Wie es euch gefällt IV, 1

Seine Rede ist wie ein phantastisch zusammengesetzter Nachtisch.

BENEDICT
Viel Lärm um nichts II, 3

Oft ist's der eigne Geist, der Rettung schafft, die wir beim Himmel suchen.

HELENA
Ende gut, alles gut I, 1

Besser ein weiser Tor als ein törichter Weiser.

NARR
Was ihr wollt I, 5

Bis jetzt gab's keinen Philosophen, der mit
Geduld das Zahnweh konnt' ertragen, ob
sie der Götter Sprache gleich geredet und
Schmerz und Zufall als ein Nichts verlacht.

> Leonato
Viel Lärm um nichts V, 1

Der gute Vorsatz leiht dem Eid die Kraft,
nicht Eid auf jeden Vorsatz darf uns
binden.

> Kassandra
Troilus und Cressida V, 3

Wann Lieb' und Einfalt sich zu reden
nicht erdreisten, dann, dünkt mich, sagen
sie im Wenigsten am meisten.

> Theseus
Ein Sommernachtstraum V, 1

Seine Rede war wie eine verwickelte Kette:
Nichts zerrissen, aber alles in Unordnung.

> Theseus
Ein Sommernachtstraum V, 1

Kein Wissen gibt's, der Seele Bildung im Gesicht zu lesen.

> DUNCAN
> *Macbeth I, 4*

Liebe spricht mit besserer Einsicht und Einsicht mit mehr Liebe.

> HERZOG
> *Maß für Maß III, 2*

Ein Tor nur schließt aus äußerem Gehaben getrost auf eines Menschen innere Gaben.

> SIMONIDES
> *Perikles II, 3*

Was ich bin, lehrt mich die Not erkennen.

> PERIKLES
> *Perikles II, 1*

Es ist nicht genug, daß man rede. Man muß auch richtig reden.

> LYSANDER
> *Ein Sommernachtstraum V, 1*

Der Narr hält sich für weise, aber der Weise weiß, daß er ein Narr ist.

> PROBSTEIN
> *Wie es euch gefällt V, 1*

Und wen am ärgsten meine Torheit geißelt, der muß am meisten lachen. Und warum? Das fällt ins Auge wie der Weg zur Kirche. Der, den ein Narr sehr weislich hat getroffen, wär' wohl sehr töricht, schmerzt' es noch so sehr, nicht fühllos bei dem Schlag zu tun?

> JACQUES
> *Wie es euch gefällt II, 7*

Der Wahrheit, die Ihr sagt, fehlt etwas
Milde und die gelegne Zeit: Ihr reibt den
Schaden, statt Pflaster aufzulegen.

> GONZALO
> *Der Sturm II, 1*

Weil Kürze denn des Witzes Seele ist,
fass' ich mich kurz.

> POLONIUS
> *Hamlet II, 2*

Ruhm wird ohne Schriften alt.

> GLOSTER
> *König Richard III. III, 1*

Auf zeitigen Frühling währt der Sommer
wenig.

> GLOSTER
> *König Richard III. III, 1*

Klug allzubald, sagt man, wird nimmer alt.

> GLOSTER
> *König Richard III. III, 1*

Geld & Gut

Herr, wer euch dient für Gut und Geld
und nur gehorcht zum Schein,
packt ein, sobald ein Regen fällt,
läßt euch im Sturm allein.

NARR
König Lear II, 4

So geschieht's,
daß, was wir haben, wir nach Wert nicht
    achten,
solange wir's genießen. Ist's verloren,
dann überschätzen wir den Preis.

MÖNCH
Viel Lärm um nichts IV, 1

Die Kleidung kostbar, wie's dein Beutel kann,
doch nicht ins Grillenhafte: Reich, nicht bunt;
denn es verkündigt oft die Tracht den Mann.

POLONIUS
Hamlet I, 3

Man rühmt nicht, was man nicht verkaufen will.

PARIS
Troilus und Cressida IV, 1

Gewinn ist Segen, wenn man ihn nicht stiehlt.

SHYLOCK
Der Kaufmann von Venedig I, 3

Überfluß kommt eher zu grauen Haaren, aber Auskommen lebt länger.

NERISSA
Der Kaufmann von Venedig I, 2

Wer stets zu Haus bleibt, hat nur Witz fürs Haus.
>
> VALENTIN
> *Die beiden Veroneser I, 1*

Wenn wir bauen wollen, beschaun wir erst den Platz, ziehn einen Riß; und sehn wir die Gestalt des Hauses nun, dann müssen wir des Baues Aufwand schätzen. Ergibt sich's, daß er über unsre Kräfte, was tun wir, als den Riß von neuem ziehn, mit wenigern Gemächern, oder ganz abstehn vom Bau?
>
> LORD BARDOLPH
> *König Heinrich IV. Zweiter Teil I, 3*

Nach allem, was ich sehe, sind die ebenso krank, die sich mit allzuviel überladen, als die bei nichts darben.

> NERISSA
> *Der Kaufmann von Venedig I, 2*

Verlassen sei, was selber sich verläßt!

ANTONIUS
Antonius und Cleopatra III, 9

Oft schlägt Erwartung fehl, und dann zumeist,
wo sie gewissen Beistand uns verheißt,
und wird erfüllt, wo Hoffnung längst erkaltet,
wo Glaube schwand und die Verzweiflung waltet.

HELENA
Ende gut, alles gut II, 1

Hoffnung auf Genuß ist fast so viel als
schon genoßne Hoffnung.

> NORTHUMBERLAND
> *König Richard II. II, 4*

Hoffnung ist oft ein Jagdhund ohne Spur.

> PISTOL
> *Die lustigen Weiber von Windsor II, 1*

Wir wissen wohl, was wir sind; aber nicht,
was wir werden können.

> OPHELIA
> *Hamlet IV, 5*

Wie viel besser ist's, über die Freude zu
weinen, als sich am Weinen zu freuen.

> LEONATO
> *Viel Lärm um nichts I, 1*

Gesegnet, die auf Erden Frieden stiften!

> KÖNIG HEINRICH
> *König Heinrich VI. Zweiter Teil II, 1*

Leicht wird ein kleines Feuer ausgetreten, das, erst geduldet, Flüsse nicht mehr löschen.

CLARENCE
König Heinrich VI. Dritter Teil IV, 8

Zaubrer wissen ihre Zeit.

BOLINGBROKE
König Heinrich VI. Zweiter Teil I, 4

Ein Zollbreit mehr Aufschub ist eine Südsee weit von der Entdeckung.

ROSALINDE
Wie es euch gefällt III, 2

Ein Zirkel nur im Wasser ist der Ruhm,
der niemals aufhört, selbst sich zu erweitern, bis die Verbreitung ihn in nichts
zerstreut.

PUCELLE
König Heinrich VI. Erster Teil I, 2

Ist Geduld schon eine abgetriebne Mähre,
so schleppt sie sich doch fort.

NYM
König Heinrich V. II, 1

Im Fall der Gegenwehr ist es am besten,
den Feind für mächtger halten, als er
scheint.

DAUPHIN
König Heinrich V. II, 4

Aus der Nessel Gefahr pflücken wir die
Blume Sicherheit.

PERCY
König Heinrich IV. Erster Teil II, 3

Hohle Töpfe haben den lautesten Klang.

BURSCH
König Heinrich V. IV, 4

Ein guter Kopf weiß alles zu benutzen.

FALSTAFF
König Heinrich IV. Zweiter Teil I, 2

Wenn alle Tag' im Jahr gefeiert würden,
so würde Spiel so lästig sein wie Arbeit:
Doch seltne Feiertage sind erwünscht.

PRINZ HEINRICH
König Heinrich IV. Erster Teil I, 2

Jedes Ding hat seine Zeit.

ANTIPHOLUS
Die Komödie der Irrungen II, 2

Aus Spöttern werden oft Propheten.

REGAN
König Lear V, 3

Das ist ein weiser Vater, der sein eignes Kind kennt.

LANZELOT
Der Kaufmann von Venedig II, 2

Kein Weiser jammert um Verlust, er sucht mit freud'gem Mut ihn zu ersetzen.

MARGARETHA
König Heinrich VI. Dritter Teil V, 4

Abhängigkeit ist heiser, wagt nicht laut zu reden.

JULIA
Romeo und Julia II, 2

Wer nicht bei Tage gehn darf, schleicht bei Nacht.
>BASTARD
>*König Johann I, 1*

Wer 's Licht hält, schauet zu!
>ROMEO
>*Romeo und Julia I, 4*

Leutselig sei, doch keineswegs gemein!
>POLONIUS
>*Hamlet I, 3*

So macht Gewissen Feige aus uns allen.
Der angebornen Farbe der Entschließung
wird des Gedankens Blässe angekränkelt,
und Unternehmungen voll Mark und
Nachdruck, durch diese Rücksicht aus der
Bahn gelenkt, verlieren so der Handlung
Namen.
                HAMLET
               Hamlet III, 1

Komme, was kommen mag.
Die Stunde rinnt auch durch den rauhsten
   Tag.
                MACBETH
               Macbeth I, 3

Ich trotze allen Vorbedeutungen: Es
waltet eine besondere Vorsehung über
den Fall eines Sperlings. Geschieht es
jetzt, so geschieht es nicht in Zukunft, so
geschieht es jetzt; geschieht es jetzt nicht,
so geschieht es doch einmal in Zukunft.
Bereit sein ist alles.

                HAMLET
               Hamlet V, 2

Nie wird der flücht'ge Vorsatz eingeholt,
geht nicht die Tat gleich mit. Von Stund'
an nun sei immer meines Herzens Erstling
auch Erstling der Hand.

>   MACBETH
>   *Macbeth IV, 1*

Ein Entschluß wird oft von uns gebrochen.
Der Vorsatz ist ja der Erinn'rung Knecht,
stark von Geburt, doch bald durch Zeit
    geschwächt,
wie herbe Früchte fest am Baume hangen,
doch leicht sich lösen, wenn sie Reif'
    erlangen.

>   KÖNIG IM SCHAUSPIEL
>   *Hamlet III, 2*

Ich habe wohl von einer Art Leute gehört,
die mit Fleiß Händel mit andern anzetteln,
um ihren Mut zu prüfen.

>   VIOLA
>   *Was ihr wollt III, 4*

Was Große tun, beschwatzen gern die Kleinen.

                SCHIFFSHAUPTMANN
                 Was ihr wollt I, 2

Wer sich selbst preist, außer durch die Tat, vernichtet die Tat im Preise.

                AGAMEMNON
                Troilus und Cressida II, 3

Wer aus dem Weizen einen Kuchen haben will, muß das Mahlen abwarten.

                PANDARUS
                Troilus und Cressida I, 1

Mit Taten schmückt sich Treu' und nicht
mit Worten.
>PROTEUS
>*Die beiden Veroneser II, 2*

Wer ernten will, muß erst den Samen
streun.
>HERZOG
>*Maß für Maß IV, 1*

Wär's abgetan, wenn es getan, dann wär's
am besten schnell getan.

>MACBETH
>*Macbeth I, 7*

Die Welt war nimmer froh, seit niedres
Heucheln galt für Artigkeit.

>OLIVIA
>*Was ihr wollt III, 1*

Die gute Tat, die ungepriesen stirbt, würgt
tausend andre, die sie zeugen könnte.

>HERMIONE
>*Das Wintermärchen I, 1*

Es gibt Gezeiten auch für unser Tun.
Nimmt man die Flut wahr, führet sie zum
Glück, versäumt man sie, so muß die
ganze Reise des Lebens sich durch Not
und Klippen winden.

BRUTUS
Julius Cäsar IV, 3

Der ist ein guter Prediger, der seine
eignen Ermahnungen befolgt: Ich kann
leichter zwanzig lehren, was gut zu tun
ist, als einer von den zwanzigen sein.

PORZIA
Der Kaufmann von Venedig I, 2

Dem traue nie, der einmal Treue brach!

KÖNIGIN ELISABETH
König Heinrich VI. Dritter Teil IV, 4

Die Arbeit, die uns freut, wird zum
Ergötzen.

MACBETH
Macbeth II, 2

Besser kurz ab als langweilig.

ZWEITER MÖNCH
König Richard III. I, 4

Wer hastig läuft, der fällt. Drum eile nur mit Weil'.

LORENZO
Romeo und Julia II, 3

Nicht genug, dem Schwachen aufzuhelfen, auch stützen muß man ihn.

TIMON
Timon von Athen I, 1

Was bedürfen wir irgend der Freunde,
wenn wir ihrer niemals bedürften? Sie
wären ja die unnützesten Geschöpfe auf
der Welt, wenn wir sie nie gebrauchten,
und glichen lieblichen Instrumenten, die
in ihren Kasten an der Wand hängen und
ihre Töne für sich selbst behalten.

TIMON
Timon von Athen I, 2

Kein Borger sei und auch Verleiher nicht!
Sich und den Freund verliert das Darlehn
oft, und Borgen stumpft der Wirtschaft
Spitze ab.

POLONIUS
Hamlet I, 3

Dies über alles: Sei dir selber treu! Und
daraus folgt, so wie die Nacht dem Tage,
du kannst nicht falsch sein gegen
irgend wen.

POLONIUS
Hamlet I, 3

Hüte dich, in Händel zu geraten! Bist du drin, führ' sie, daß sich dein Feind vor dir mag hüten!

> POLONIUS
> *Hamlet I, 3*

Schnöde Taten, birgt sie die Erd' auch, müssen sich verraten.

> HAMLET
> *Hamlet I, 2*

Wer Fehler schminkt, wird einst mit Spott verlacht.

> CORDELIA
> *König Lear I, 1*

Wo zwei zu Rate gehn, laßt keinen Dritten kommen!

> WÄRTERIN
> *Romeo und Julia II, 5*

Menschen deuten oft nach ihrer Weise die Dinge, weit entfernt vom wahren Sinn.

> CICERO
> *Julius Cäsar I, 3*

Es gibt mehr Ding' im Himmel und auf Erden, als eure Schulweisheit sich träumt, Horatio.

>> HAMLET
>> *Hamlet I, 5*

Weise Tat, vollbracht mit Vorsicht, schirmt sich selbst vor Zweifeln.

>> KÖNIG
>> *König Heinrich VIII. I, 2*

Die rauhen Weg' und hohen wilden Hügel ziehn unsre Meilen mühsam in die Länge, doch euer schön Gespräch macht, wie ein Zucker, den schweren Weg süß und vergnüglich mir.

>> NORTHUMBERLAND
>> *König Richard II. II, 4*

Wer steilen Berg erklimmt, hebt an mit ruhigem Schritt.

>> NORFOLK
>> *König Heinrich VIII. I, 1*

Die Jungen steigen, wenn die Alten fallen.

EDMUND
König Lear III, 3

In der Früh' und frischem Tau der Jugend
ist gift'ger Anhauch am gefährlichsten.

LAERTES
Hamlet I, 3

Fasten, studieren, keine Frauen sehn –
klarer Verrat am Königtum der Jugend.

BIRON
Liebes Leid und Lust IV, 3

Was die Zeit dem Menschen an Haar entzieht, das ersetzt sie ihm an Witz.

> Dromio von Syrakus
> *Die Komödie der Irrungen II, 2*

Die wache Sorge lauscht im Auge jedes Alten,
und Schlummer bettet nie sich da, wo Sorgen walten.
Doch da wohnt goldner Schlaf, wo mit gesundem Blut
und grillenfreiem Hirn die frische Jugend ruht.

> Lorenzo
> *Romeo und Julia II, 3*

Doch wenn sich alles vor Gebräuchen schmiegt,
wird nie der Staub des Alters abgestreift,
berghoher Irrtum wird so aufgehäuft,
daß Wahrheit nie ihn überragt.

> Coriolanus
> *Coriolanus II, 3*

Du sahst sie schön, doch in Gesellschaft
 nie.
Du wogst nur mit sich selbst in jedem
 Auge sie.
Doch leg' einmal zugleich in die
 krystallnen Schalen
der Jugendreize Bild, wovon auch andre
 strahlen,
die ich dir zeigen will bei diesem Fest
 vereint:
Kaum leidlich scheint dir dann, was
 jetzt ein Wunder scheint.

BENVOLIO
Romeo und Julia I, 2

Alte tun, als lebten sie nicht mehr,
träg, unbehülflich und wie Blei so schwer.

JULIA
Romeo und Julia II, 5

Mann & Frau

Er war ein Mann, nehmt alles nur in allem!
Ich werde nimmer seinesgleichen sehn.

>   HAMLET
>   *Hamlet I, 2*

Laßt wohlbeleibte Männer um mich sein,
mit glatten Köpfen, die des Nachts gut
schlafen. Der Cassius dort hat einen
hohlen Blick. Er denkt zu viel: Die Leute
sind gefährlich.

>   CÄSAR
>   *Julius Cäsar I, 2*

Was für ein artiges Ding ein Mann ist,
wenn er in Wams und Hosen herumläuft
und seinen Verstand zu Hause läßt!

>   DON PEDRO
>   *Viel Lärm um nichts V, 1*

Männer sind Mai, wenn sie freien, und
Dezember in der Ehe.

>   ROSALINDE
>   *Wie es euch gefällt IV, 1*

Auch ist der Schwur eines Liebhabers
nicht zuverlässiger als das Wort eines Bier-
schenken: Sie bekräftigen beide falsche
Rechnungen.

>> CELIA
>> *Wie es euch gefällt III, 4*

Narren verhalten sich zu Ehemännern wie
Sardellen zu Heringen: Der Ehemann ist
der größere von beiden.

>> NARR
>> *Was ihr wollt III, 1*

Lehrt ihn, daß, wenn Jungfrau'n flehn, die
Männer wie Götter geben!

>> LUCIO
>> *Maß für Maß I, 5*

Wenn Liebhabern (was Gott verhüte!) der
Stoff ausgeht, so ist der schicklichste
Behelf, zu küssen.

>> ROSALINDE
>> *Wie es euch gefällt IV, 1*

Eu'r Lob ist unser Lohn. Eh' treibt Ihr uns mit einem sanften Kusse tausend Meilen, als mit dem Sporn zehn Schritt nur.

HERMIONE
Das Wintermärchen I, 1

Schwachheit, dein Name ist Weib.

HAMLET
Hamlet I, 2

Wie fällt doch ein Geheimnis Weibern schwer!

PORTIA
Julius Cäsar II, 4

Wir sind in Schwüren stark, doch in der
Liebe schwach.

> VIOLA
> *Was ihr wollt II, 4*

Weibergedanken eilen immer ihren Handlungen voraus.

> ROSALINDE
> *Wie es euch gefällt IV, 1*

Ein Weib, das einer deutschen Schlaguhr
gleicht, stets dran zu bessern, ewig aus
den Fugen, die niemals recht geht, wie sie
auch sich stellt.

> BIRON
> *Liebes Leid und Lust II, 1*

Aus Frauenaugen zieh' ich diese Lehre:
Sie sind der Grund, das Buch, die hohe
Schule, aus der Prometheus' echtes Feuer
glüht.

> BIRON
> *Liebes Leid und Lust IV, 1*

Schalkhafter Mädchen Zunge kann zerschneiden wie allerfeinst geschliffner Messer Klingen das kleinste Haar.

> BOYET
> *Liebes Leid und Lust V, 1*

Eine Frau, die ihre Fehler ihrem Manne nicht zur Last zu legen versteht, die mag nur niemals ihr Kind selber stillen; sonst trinkt es die Dummheit mit der Muttermilch.

> ROSALINDE
> *Wie es euch gefällt IV, 1*

Denn welcher Autor in der ganzen Welt
lehrt solche Schönheit wie ein Frauenauge.

BIRON
Liebes Leid und Lust IV, 1

Das scheuste Mädchen ist verschwend'-
risch noch, wenn sie dem Monde ihren
Reiz enthüllt.

LAERTES
Hamlet I, 3

Man pflegt zu sagen, die beste Zeit, eine
Frau zu verführen, sei, wenn sie sich mit
ihrem Manne überworfen hat.

RÖMER
Coriolanus IV, 1

Leben & Tod

Witz, schnell geboren, wächst und welkt
geschwind.
                    PRINZESSIN
             Liebes Leid und Lust II, 1

Ei, der Gesunde hüpft und lacht,
dem Wunden ist's vergällt.
Der eine schläft, der andere wacht,
das ist der Lauf der Welt.

                    HAMLET
                Hamlet III, 2

Die Kunst der Not ist wundersam: Sie
macht selbst Schlechtes köstlich.

                    LEAR
              König Lear III, 2

Wo die größere Krankheit Sitz gefaßt,
fühlt man die mindre kaum.

                    LEAR
              König Lear III, 4

Ich bin nicht sehr krank, ich kann noch drüber reden.

> IMOGEN
> *Cymbeline IV, 2*

Der Feige stirbt schon vielmal, eh' er stirbt.
Die Tapfern kosten einmal nur den Tod.

> CÄSAR
> *Julius Cäsar II, 2*

Wenn Gnade Mörder schont, verübt sie Mord!

> PRINZ
> *Romeo und Julia III, 1*

Es wird mit Blut kein fester Grund gelegt,
kein sicheres Leben schafft uns andrer Tod.

>   KÖNIG JOHANN
>   *König Johann IV, 2*

Gemäßigte Klage ist das Recht des Toten,
übertriebener Gram der Feind des Lebenden.

>   LAFEU
>   *Ende gut, alles gut I, 1*

Der Nachgelaßne soll, nach kindlicher Verpflichtung, ein'ge Zeit die Leichentrauer halten. Doch zu beharren in eigenwill'gen Klagen, ist das Tun gottlosen Starrsinns, ist unmännlich Leid, zeigt einen Willen, der dem Himmel trotzt.

>   KÖNIG
>   *Hamlet I, 2*

Des Todes Schmerz liegt in der Verstellung.

>   ISABELLA
>   *Maß für Maß III, 1*

Wir wissen, daß wir sterben werden.
Frist und Zeitgewinn nur ist der Menschen
Trachten.
                    BRUTUS
              Julius Cäsar III, 1

Tugend & Laster

Die Macht der Schönheit wird eher die Tugend in eine Kupplerin verwandeln, als die Kraft der Tugend die Schönheit sich ähnlich machen kann.

HAMLET
Hamlet III, 1

O wie vermag in Würd' und Glanz der Tugend verworfne Sünde listig sich zu kleiden!

CLAUDIO
Viel Lärm um nichts IV, 1

Mitleid ist die Tugend des Gesetzes. Nur Tyrannei braucht es zur Grausamkeit.

ALCIBIADES
Timon von Athen III, 5

Tut mädchenhaft, sagt immer »nein« und nehmt!

BUCKINGHAM
König Richard III. III, 7

Das Gewebe unseres Lebens besteht aus gemischtem Garn, gut und schlecht durcheinander. Unsre Tugenden würden stolz sein, wenn unsre Fehler sie nicht geißelten, und unsre Laster würden verzweifeln, wenn sie nicht von unseren Tugenden ermuntert würden.

>   ERSTER EDELMANN
>   *Ende gut, alles gut IV, 3*

Es steigt der Mut mit der Gelegenheit.

>   OESTERREICH
>   *König Johann II, 1*

Es ist ein Geist des Guten in dem Übel, zög' ihn der Mensch nur achtsam da heraus.

>   KÖNIG HEINRICH
>   *König Heinrich V. IV, 1*

Der verdient zu haben, der kühn und sicher zu erlangen weiß.

>   KÖNIG RICHARD
>   *König Richard II. III, 4*

Was ihr nicht tut mit Lust, gedeiht euch nicht.
                    TRANIO
        Der Widerspenstigen Zähmung I, 1

Sein oder Nichtsein, das ist hier die Frage:
Ob's edler im Gemüt, die Pfeil' und
Schleudern des wütenden Geschicks
erdulden oder, sich waffnend gegen eine
See von Plagen, durch Widerstand sie
enden.
                    HAMLET
                Hamlet III, 1

Paßt die Gebärde dem Wort, das Wort der
Gebärde an, wobei Ihr sonderlich darauf
achten müßt, niemals die Bescheidenheit
der Natur zu überschreiten!

> HAMLET
> *Hamlet III, 2*

Wort bleibt Wort. Noch hab' ich nie
gelesen, daß durch das Ohr ein krankes
Herz genesen.

> BRABANTIO
> *Othello I, 3*

Nichts rettet Macht und Größe vor dem
Gift der Schmähsucht. Auch die reinste
Unschuld trifft Verleumdung hinterrücks.

> HERZOG
> *Maß für Maß III, 2*

Ist's möglich, daß Sittsamkeit mehr unsern
Sinn empört als Leichtsinn?

> ANGELO
> *Maß für Maß II, 2*

So strebt die Weisheit nur nach hellstem Glanz, setzt sie sich selbst herab: Wie schwarze Masken verdeckte Schönheit zehnmal mehr erheben als Reiz, zur Schau getragen.

ANGELO
Maß für Maß II, 4

Ein fleckenloses Herz zagt nicht so leicht.

GLOSTER
König Heinrich VI. Zweiter Teil III, 1

Das Vergnügen macht sich über kurz oder lang immer bezahlt.

NARR
Was ihr wollt II, 4

Ehrbarkeit mit Schönheit gepaart ist wie eine Honigbrühe über Zucker.

PROBSTEIN
Wie es euch gefällt III, 3

Fraun sind Engel stets, geworben;
Ahnung ist Lust, doch im Genuß erstorben.
Nichts weiß ein liebend Mädchen, bis es weiß,
Allein das Unerreichte steh' im Preis.

> CRESSIDA
> *Troilus und Cressida I, 2*

Stets war's ein Merkmal der Vortrefflichkeit, durch Larve die Vollendung zu entstellen.

> DON PEDRO
> *Viel Lärm um nichts II, 3*

Erfahrung wird durch Fleiß und Müh erlangt und durch den raschen Lauf der Zeit gereift.

> ANTONIO
> *Die beiden Veroneser I, 3*

Allein was ist Ehre? Ein Wort. Was ist dieses Wort Ehre? Luft. Eine feine Rechnung!

> FALSTAFF
> *König Heinrich IV. Erster Teil V, 1*

Wahrhaft groß sein heißt, nicht ohne
großen Gegenstand sich regen, doch einen
Strohhalm selber groß verfechten, wenn
Ehre auf dem Spiel.

                HAMLET
              Hamlet IV, 4

Ehrlich sein heißt, wie es in dieser Welt
hergeht: Ein Auserwählter unter Zehntau-
senden sein.
                HAMLET
              Hamlet II, 2

Ich hatte etwas Wichtiges vor, und in
einem solchen Falle tut man wohl einmal
der Höflichkeit Gewalt an.

                ROMEO
           Romeo und Julia II, 4

Geschwindigkeit wird nie so sehr bewun-
dert als vom Saumseligen.

              CLEOPATRA
       Antonius und Cleopatra III, 7

Ihr seid nicht gnädig, zeigt sich immer Huld:
Verzeihung ist nur Mutter neuer Schuld.

ESCALUS
Maß für Maß II, 1

Laß uns einsehen, daß Unbesonnenheit uns manchmal dient, wenn tiefe Plane scheitern.

HAMLET
Hamlet V, 2

Im Schwachen wirkt die Einbildung am stärksten.

GEIST
Hamlet III, 4

Die Freundschaft, welche Weisheit nicht
knüpfte, kann Torheit leicht auflösen.

ULYSSES
Troilus und Cressida II, 3

Weiser Zweifel wird dem Klugen Leuchte,
dem Arzte Sonde, der Wunde Grund zu
prüfen.

HEKTOR
Troilus und Cressida II, 2

Die Demut ist der jungen Ehrsucht Leiter.
Wer sie hinanklimmt, kehrt den Blick ihr
zu. Doch hat er erst die höchste Spross'
erreicht, dann kehret er der Leiter seinen
Rücken, schaut himmelan, verschmäht die
niedern Tritte, die ihn hinaufgebracht.

BRUTUS
Julius Cäsar II, 1

Und wie die Sonne bricht durch trübste
Wolken, so strahlt aus niedrigstem
Gewand die Ehre.

PETRUCHIO
Der Widerspenstigen Zähmung IV, 3

Des Verschwenders Lauf ist gleich der Sonne, doch erneut sich nicht wie sie.

> LUCIUS' DIENER
> *Timon von Athen III, 4*

Selbstliebe, Herr, ist nicht so schnöde Sünde als Selbstversäumnis.

> DAUPHIN
> *König Heinrich V. II, 4*

Dem Eigensinn wird Ungemach, das er sich selber schafft, der beste Lehrer.

> REGAN
> *König Lear II, 4*

Wie arm sind die, die nicht Geduld besitzen!

> JAGO
> *Othello II, 3*

Wie hüllt sich Sünde gern in Höflichkeit.

> PERIKLES
> *Perikles I, 1*

Wie Überfüllung strenge Fasten zeugt, so wird die Freiheit, ohne Maß gebraucht, in Zwang verkehrt.

> CLAUDIO
> *Maß für Maß I, 3*

Wer die Schmeichelei liebt, ist des Schmeichlers würdig.

> APEMANTUS
> *Timon von Athen I, 1*

Die Furcht macht Teufel aus Engeln.

> TROILUS
> *Troilus und Cressida III, 2*

Nimmer hat die Wut sich gut verteidigt.

> MÄCENAS
> *Antonius und Cleopatra IV, 1*

Immer ist die Albernheit des Narren der Schleifstein der Witzigen.

> CELIA
> *Wie es euch gefällt I, 2*

Zuviel Geschäftigkeit ist mißlich.

HAMLET
Hamlet III, 4

Wem der Neid, die krumme Arglist, Nahrung gibt, des Biß wagt an die Besten sich.

CRANMER
König Heinrich VIII. V, 2

Das beste Mittel bei verfehltem Vorsatz ist, ihn verfehlen.

PANDULPHO
König Johann III, 1

Weh, wer zu spät bereut!

LEAR
König Lear I, 4

Laß ja die Hand los, wenn ein großes Rad den Hügel hinabrollt, damit dir's nicht den Hals breche!

NARR
König Lear II, 4

Das giftge Schrei'n der eifersüchtgen Frau
wirkt tödlicher als tollen Hundes Zahn.

ÄBTISSIN
Die Komödie der Irrungen V, 1

Stets wird der Argwohn voller Augen stecken.

WORCESTER
König Heinrich IV. Erster Teil V, 2

Das bessere Teil der Tapferkeit ist Vorsicht.

FALSTAFF
König Heinrich IV. Erster Teil V, 4

Feige Hunde sind mit dem Maul am freisten, wenn ihr Wild schon weit vorausläuft.
>
> DAUPHIN
> *König Heinrich V. II, 4*

Sorge wehrt nicht, sie versehrt und zehrt.
>
> PUCELLE
> *König Heinrich VI. Erster Teil III, 3*

Wer trügen will, kann einen Schein wohl stehlen.
>
> KÖNIGIN
> *König Heinrich VI. Zweiter Teil III, 1*

Wo tief der Bach ist, läuft das Wasser glatt.
>
> SUFFOLK
> *König Heinrich VI. Zweiter Teil III, 1*

Der Mensch geht manchmal unbedacht zu Werk, was ihm die Folge Zeit läßt, zu bereu'n.
>
> RICHARD
> *König Richard III. IV, 4*

Was süß schmeckt, wird oft bitter beim Verdau'n.

> GAUNT
> *König Richard II. I, 3*

Wut muß man bekämpfen.

> KÖNIG RICHARD
> *König Richard II. I, 1*

Ich lernte, bängliches Erwägen sei schläfrigen Verzuges bleirner Diener.

> RICHARD
> *König Richard III. IV. 3*

Die Kappe macht den Mönch nicht aus.

> KÖNIGIN
> *König Heinrich VIII. III, 1*

Der Menschen Sünden leben fort in Erz;
ihr edles Wirken schreiben wir in Wasser.

> GRIFFITH
> *König Heinrich VIII. IV, 2*

Eigennutz, der schiefe Hang der Welt, der
Welt, die gleich gewogen ist an sich, auf
ebnem Boden grade hin zu rollen, bis
dieser Vorteil, dieser schnöde Hang, der
Lenker der Bewegung, Eigennutz, sie
abwärts neigt von allem Gleichgewicht,
von aller Richtung, Vorsatz, Lauf und Ziel.

> BASTARD
> *König Johann II, 2*

Jeder Mensch hat angebor'ne Schwächen.
Die Gnade nur, nicht Kraft kann überwinden.

> BIRON
> *Liebes Leid und Lust I, 1*

Aneignen nennt es der Gebildete.

PISTOL
Die lustigen Weiber von Windsor I, 3

Öfters, wenn man einen Fehl entschuldigt,
macht ihn noch schlimmer die Entschuldigung, wie Flicken, die man setzt auf
kleine Risse, da sie den Fehl verbergen,
mehr entstellen, als selbst der Fehl, eh'
man ihn so geflickt.

PEMBROKE
König Johann IV, 2

Gewohnheit stören, heißt alles stören.

IMOGEN
Cymbeline IV, 2

Nicht durch die Schuld der Sterne, lieber
Brutus, durch eigne Schuld nur sind wir
Schwächlinge.

CASSIUS
Julius Cäsar I, 2

Es sollt' ein Freund des Freundes Schwächen tragen.
>
> CASSIUS
> *Julius Cäsar IV, 3*

Gerücht ist eine Pfeife, die Argwohn, Eifersucht, Vermutung bläst.
>
> GERÜCHT
> *König Heinrich IV. Zweiter Teil, Prolog*

NACHBEMERKUNG

> Ich kenne keinen, der Shakespeare an
> Kenntnis der Menschen überträfe ... Und
> welcher andere Dichter ist so voll von ungemeinen,
> starken und erhabenen Gedanken?
> So voll von Bemerkungen, die durch
> ihre Neuheit und Scharfsinnigkeit treffen
> und doch augenblicklich so stark einleuchten,
> daß man sie unmittelbar selbst zu machen
> glaubt? So voll von Stellen, die man
> dem Gedächtnis einzuprägen wünscht?
> Christoph Martin Wieland

Die Reihe derer, die dem englischen Dichter Lob und Preis spendeten, ließe sich mit großen Namen beliebig fortsetzen. Und noch heute ist Shakespeare für viele *der* klassische Theaterdichter, gilt er als Genius der Bühnendichtung. Modern erscheinen uns seine Anschauungen, gültig die Aussagen, und überrascht ist man immer wieder von der Tiefe seines Menschenverständnisses, seiner Kenntnis der menschlichen Seele.

Die vorliegende kleine Auswahl von Zitaten kann und will nicht die eigene Lektüre der Werke oder den Theaterbesuch ersetzen. Im Gegenteil, sie möchte Anregung sein und helfen, wieder oder neu zu entdecken, was des Entdeckens wert ist.

Sprichwörter und Sentenzen waren auf den Bühnen des elisabethanischen Zeitalters sehr geschätzt und galten als wichtige Aussagen des Autors, der Erfahrungen seiner Zeit zusammenfaßte, in der Weisheit des Volkes spiegelte und sich so der Aufmerksamkeit des Publikums sicher sein konnte.

Schon viele Generationen der schreibenden Zunft versuchten, sich dem Phänomen Shakespeare biographisch zu nähern. Das historisch gesicherte Material für einen geschlossenen Lebenslauf des Dichters ist so spärlich, daß bisher kein Biograph ohne Spekulationen und Phantasie auskam. Heute betont die Shakespeare-Forschung, daß nur eine zufällige Folge äußerer Vorgänge auf eine gewisse Wahrscheinlichkeit seiner Lebensumstände schließen läßt.

Seine Vorfahren waren Pächter, Wollhändler, Handwerker, Ratsherren und Bürgermeister in Mittelengland. In Stratford on Avon wurde er geboren, nur das Taufdatum – 26. April 1564 – ist bekannt. Am 23. 4. 1616 starb er und wurde im Chorraum der Holy Trinity Church in Stratford begraben.

Die King's-Grammar-School in Stratford hat ihm eine umfassende Bildung vermittelt, seine Lehrer hatten ausnahmslos ein Universitätsstudium in Oxford absolviert. Immer wieder weisen die Biographen auf die reichen Kenntnisse Shakespeares in den verschiedensten Wissensgebieten hin: Musik, Medizin, Botanik, Recht, Astrologie u. a.

1582 heiratet William Shakespeare Anne Hathaway, die Tochter des Grundbesitzers Richard Hathaway aus Shottery. Für die Eheschließung benötigt der erst achtzehnjährige William eine Sondergenehmigung des Bischofs von Worcester, für die er auch noch eine Bürgschaft erbringen muß.

Wie Shakespeare zum Theater kam, ist nicht bekannt. Aber schon früh hatte er Begegnungen mit fahrenden Spielern. Allein 1587 weilten fünf verschiedene Schauspieltruppen in Stratford. Bereits 1592 ist Shakespeare in London, wo er in Theaterkreisen bekannt ist. Drei Jahre später erscheint sein Name in den Rechnungsbüchern des königlichen Schatzmeisters, weil die Truppe, der er sich angeschlossen hatte, zweiunddreißigmal vor Königin Elisabeth gespielt hatte.

1596 trägt Shakespeare ein eigenes Familienwappen und darf den Titel »gentleman« tragen. Noch vor der Jahrhundertwende ist er Mitinhaber des berühmten Globe-Theaters.

Es stellen sich erste Würdigungen durch Zeitgenossen ein, die auch sein schauspielerisches Talent hervorheben. So sah zum Beispiel Ben Jonson, bedeutender Theaterdichter und Rivale Shakespeares, dessen Nachruhm voraus. Neben Jonson seien aus der Fülle der Wegbereiter und Mitstreiter Shakespeares noch genannt: Christopher Marlowe, John Webster, Thomas Kyd, John Lyly, John Ford, Thomas Heywood, John Fletcher und Francis Beaumont. Sie alle dienten dem lebendigen Wechselverhältnis zwischen Bühne und Publikum, durch das sich jene Zeit auszeichnete. Und Shakespeare überragt sie alle. Er erweist sich als der Meister des Wortspiels, nutzt die Vielfalt einer bildreichen Sprache, bezieht Dialekte und fremde Sprachen ein.

Für die Theater- und Literaturgeschichtsschreibung ist Shakespeare über die Jahrhunderte hinweg eine zentrale Gestalt, wenn es um große realistische

Darstellung, Individualisierung der Charaktere, den Menschen in seiner Einheit von Gefühl und Verstand, um Phantasie und Sinnlichkeit, um eine tief im Volke wurzelnde Kunst ging und geht.

Er bleibt bis in die Gegenwart ein anregender und inspirierender Geist, und selbst in den kurzen Sentenzen dieser Auswahl tritt er dem Leser lebendig und fordernd entgegen.

Birk Uhlmann

ISBN 3-359-00220-2

Die Shakespeare-Texte werden zitiert
nach der Übersetzung von Schlegel/Tieck.

1. Auflage
© (für Zusammenstellung und Nachbemerkung)
Eulenspiegel Verlag, Berlin · 1987
Lizenz-Nr.: 540/26/87 · LSV 7105
Einbandentwurf: Harry Jürgens
Printed in the German Democratic Republic
Lichtsatz: INTERDRUCK Graphischer Großbetrieb
Leipzig – III/18/97
Druck und buchbinderische Verarbeitung:
LVZ-Druckerei »Hermann Duncker«,
Leipzig – III/18/138
620 901 0

00600